Dépôt légal Bibliothèque Nationale, septembre 1998.
ISBN : 2-84181-085-2
Imprimé à Hong Kong / Chine.

Je suis noir et blanc
QUI SUIS-JE ?

Texte de Moira Butterfield
Illustré par Wayne Ford

bilboquet

Je suis noir et blanc
de la tête aux pattes.
Ma fourrure est épaisse.
Je suis calme, peureux et lent.
Ma nourriture préférée est le bambou.

Qui suis-je ?

Regarde mon œil

Je suis toujours
à la recherche
de bambous.
Il y en a beaucoup
dans la forêt où je vis.

D'autres animaux vivent ici.
Vois-tu le macaque
et le cerf ?

Regarde ma fourrure

Là où je vis,
il y a des montagnes
froides et enneigées.

Heureusement,
ma fourrure est épaisse.
Elle me protège du froid
et de l'humidité.

Voici une de mes pattes de devant

Je me nourris
de juteuses cannes
de bambou.
Je les tiens entre
mes pattes de devant.

Avec mes griffes
pointues, je déterre
des plantes
et des racines que
j'aime aussi manger.

Regarde mes dents

Je mange toute la journée.
Mes dents sont grandes
et puissantes.
Elles me permettent
de broyer finement
ma nourriture.

Parfois,
je fais claquer mes dents
les unes contre les autres.
Cela fait un petit
bruit sec. Peux-tu faire
comme moi ?

Regarde mes pattes de derrière

Quelquefois, je monte
dans les arbres.
Je me hisse en poussant
sur mes pattes
de derrière.
Je suis un grimpeur
très habile !

Quand des chiens
sauvages s'approchent,
je me cache
dans un arbre.
Il y a d'autres animaux
avec moi. Les vois-tu ?

Regarde mon nez

Mon nez m’est très utile.
Il me permet de flairer
les autres animaux.
Cet ours féroce
ne m’attaquera pas
car je suis grand
et fort, moi aussi.

Parfois, je rencontre
d’autres animaux
comme moi.
Je reconnais leur odeur
avant même de les voir.

Voici l'endroit où je dors

Je rassemble des feuilles et des brindilles
pour me faire un lit douillet.
Je dors beaucoup. Si quelqu'un me réveille,
cela me met très en colère.

Alors, j'ouvre grand ma gueule et je gronde.

As-tu deviné qui je suis ?

Je suis un panda

Montre du doigt
mes oreilles rondes,
mon nez noir,
mes pattes,
mes griffes pointues,
et mon ventre blanc.

On m'appelle
le panda géant.

Voici mes petits

Quand ils naissent,
ils sont minuscules
et tout roses.
Ils grandissent vite,
et leur corps se couvre
de fourrure.

Mes petits sont très joueurs.
Ils se suspendent
aux branches des arbres
et se balancent,
la tête en bas.

Voici l'endroit où je vis

C’est une forêt de haute montagne.
Me vois-tu ? Je suis encore en train de dormir !
Essaie de trouver les deux cochons sauvages,
les trois cerfs, le léopard des neiges et l’ours noir.

Voici une carte du monde

Je vis dans les hautes
montagnes
de l'Himalaya,
en Chine.

Et toi, où habites-tu ?

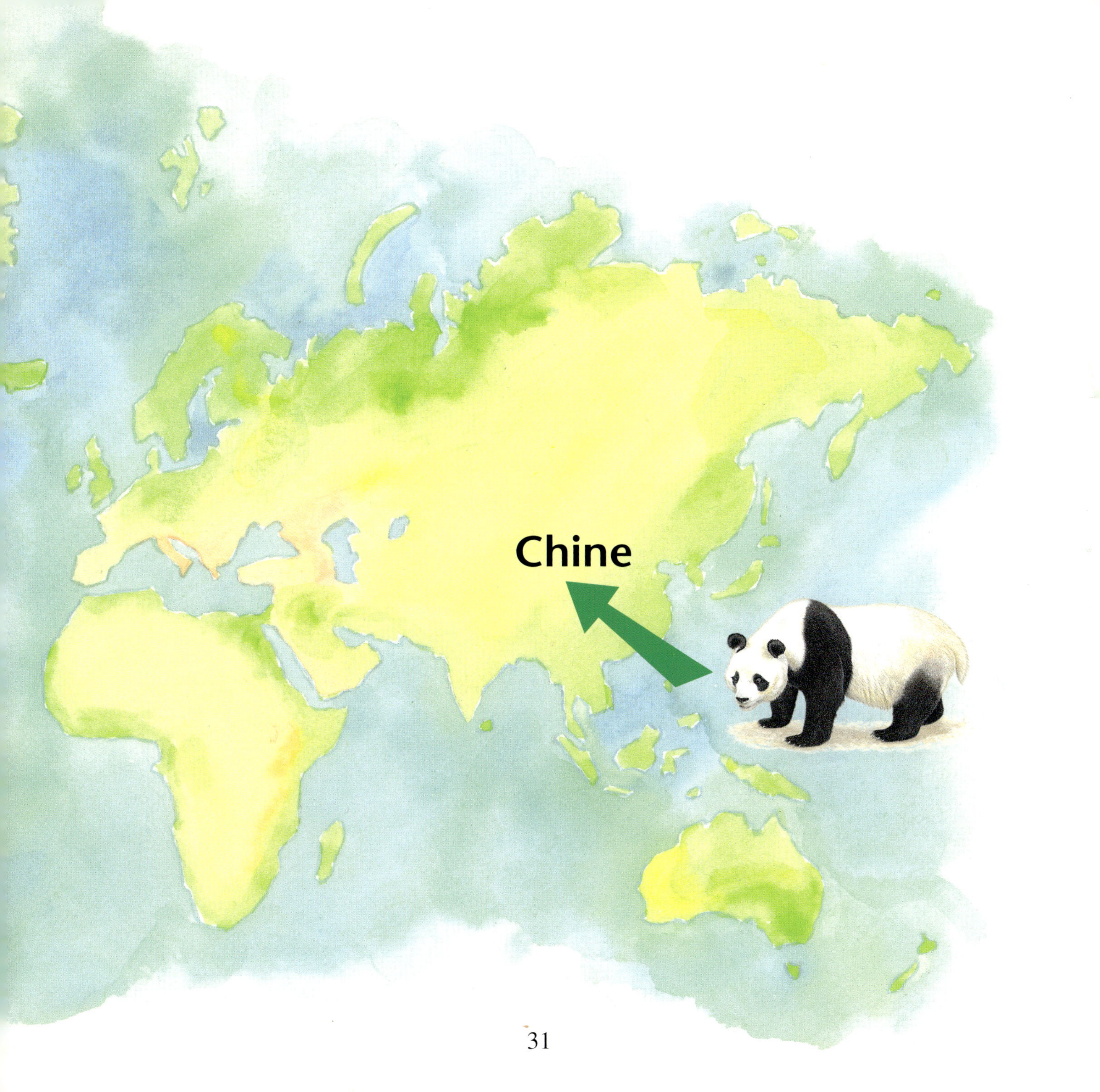
Chine

Essaie de répondre à ces questions

Quelle est ma nourriture préférée ?

De quelle couleur est ma fourrure ?

Comment
sont mes petits
à leur naissance ?

Qu'est-ce que j'aime faire
toute la journée ?

Quels animaux vivent
avec moi dans la forêt ?

Quelques mots de vocabulaire

Fourrure : C'est le poil épais et chaud qui recouvre mon corps.

Griffes : Ce sont mes longs ongles pointus.

Bambou : C'est une plante très haute.

Cannes : On appelle cannes les longues tiges dures de certaines plantes, comme le bambou.

Broyer : Réduire quelque chose en petits morceaux.

Flairer : Sentir, trouver par l'odeur.